Dove va il mondo?

Riflessioni sulla società contemporanea

GIUSEPPE CICCIA

Dove va il mondo?

Riflessioni sulla società
contemporanea

A coloro che combattono
per un mondo migliore

Introduzione

Dove va il mondo? Rispondere a questa domanda non è facile. Oggi ci accorgiamo che la società sta vivendo senza valori, senza ideali e (ahimè) senza Dio.

Dove va questa società non lo sappiamo, forse non va da nessuna parte, o forse, non interessa a nessuno saperlo! Sappiamo però che la nostra società è debole per mancanza di cultura e stile di vita; stiamo assistendo ad un lento declino verso altre culture che in questo momento premono disperatamente, ma in modo pacifico, alle nostre frontiere, dando luogo a quel fenomeno che tutti conosciamo col nome di immigrazione.

Oggi assistiamo ad un grande salto all'indietro, sia per le scelte sbagliate in Europa e nel mondo, sia per le bugie che il mondo finanziario ci ha raccontato.

Altri scenari che non ci lasciano tranquilli, sono sotto gli occhi di tutti; la mancanza del lavoro, le nascite non controllate e soprattutto il buon senso che si sta perdendo.

Le varie discipline scientifiche avrebbero dovuto prevedere il nostro futuro. Anche se hanno fatto tanto per noi, per esempio consentendoci di vivere meglio e più a lungo e mettendoci a disposizione le tecnologie più sofisticate, per noi indispensabili, facendoci conoscere l'universo meglio di prima.

Ma, affinché i governi di tutto il mondo comprendano quanto sia importante il valore della scienza, è necessario che, dal punto di vista economico, ci sia una inversione di tendenza, cioè evitare che escano fiumi di denaro se prima non è garantito il prodotto finale.

Parte prima

LA RIVOLUZIONE INDUSTRIALE

All'inizio esisteva solo il lavoro manuale. Con l'avvento della macchina il progresso non tardò ad arrivare. Ma la sola macchina non bastava a se stessa, c'era bisogno di un'altra macchina che, affiancata a quella di prima, faceva il doppio del lavoro.

Per contenere l'esplosione della fabbricazione delle macchine, il sistema sociale ha inventato una "società di servizi" (sistema terziario). Questa idea era pensata e strutturata per raggiungere un livello culturale e funzionale altissimo. Con questa formula si pensava di assorbire la disoccupazione sempre crescente, creata dalla società industriale.

La rivoluzione industriale, attraverso le sue varie fasi, comportò un'enorme trasformazione nel sistema economico e sociale. Gli impatti della rivoluzione furono tanti, come ad esempio l'esplosione demografica e il consumismo, che provocarono notevoli problemi sociali e politici, come pure le costruzioni disordinate nelle grandi città, la cattiva distribuzione delle risorse naturali e i grandi flussi migratori.

Le numerose novità tecnologiche, come le grandi scoperte in campo medico e scientifico, hanno trasformato rapidamente la vita della popolazione, sia nelle abitudini che nella mentalità. Un cambiamento importante si è avuto attraverso un processo di emancipazione femminile che ha permesso alle donne di accedere al mondo del lavoro.

Anche le città hanno cambiato volto, dando luogo a spostamenti in massa dalle campagne alle città. In campo urbanistico si è avuto un deciso miglioramento nelle grandi città, dove vecchi quartieri fatiscenti furono abbattuti per dar luogo a lussuosi complessi residenziali, piazze e monumenti artistici di notevole pregio architettonico. Con questo sistema razionale, le grandi città diventavano più belle e i servizi miglioravano.

Col passare del tempo, anche queste trasformazioni erano destinate a segnare il passo, in quanto si veniva a creare maggior burocrazia nelle varie istituzioni.

Parte seconda

LA GLOBALIZZAZIONE

A seguito della caduta del muro di Berlino (1989) e il crollo dell'Unione Sovietica (1991), molti si aspettavano un cambiamento della politica economica in campo mondiale. Questo pensiero ha avuto la sua centralità in una parola nuova, detta "globalizzazione". Le società che agiscono in modo globale(multinazionali) detengono un ruolo chiave nell'economia mondiale. Le multinazionali, oggi hanno acquisito la possibilità di produrre in quei paesi dove la manodopera costa meno e i diritti umani non sono rispettati, e ottengono, per il venir meno del potere dello stato, agevolazioni al pagamento delle tasse; in questo modo, lo stato si rifà sui contribuenti reali delle piccole e medie imprese: sono i cosiddetti paradisi fiscali.

E' un circolo vizioso che spinge ad abbandonare la politica di quel paese per cercare il proprio tornaconto. In questa maniera lo stato sociale s' indebolisce, le risorse diminuiscono, le spese aumentano e il divario tra ricchi e poveri si allarga sempre di più.

I mercati internazionali, che all'inizio tendevano ad aprirsi, ora stanno crollando uno dopo l'altro, e lo scenario dovuto agli scambi economici è passato da un periodo fertile ad un aumento incredibile della disoccupazione mondiale.

Quando si pensò all'ideologia della globalizzazione, lo scopo era quello di aprire i mercati tra i vari paesi del mondo. Purtroppo anche quest'idea sta esaurendo il suo percorso in quanto molti stati non dispongono più di mercati liberi.

Parte terza

L'ECONOMIA MONDIALE

Se l'economia industriale sta morendo a causa della globalizzazione, cosa resta? Resta l'economia finanziaria. Cioè un'economia speculativa che opera in tutto il mondo.

In questo campo, si fanno tanti soldi speculando. Questo è un mondo fatto di persone scaltre e senza scrupoli, che vengono "reclutate" anche negli ambienti politici in qualità di consiglieri (faccendieri).

Questo sistema attuale costringe molta gente ad indebitarsi, con la convinzione che alla fine la recessione passerà. Così come, promettendo a tanta gente che ogni giorno perde il lavoro, che alla fine lo ritroverà. A dare il colpo di grazia hanno contribuito le grandi società di distribuzione multinazionali, dove un impressionante numero di attività commerciali hanno dovuto chiudere i battenti in nome di questa società che avanza.

Gli effetti sono stati devastanti, in quanto hanno prodotto principalmente l'estromissione delle imprese nazionali e locali, hanno aumentato la concorrenza sul mercato e hanno trasferito i profitti all'estero. Nel mercato del lavoro, un effetto positivo si è avuto con la creazione di nuovi posti di lavoro.

C'è stato anche il rovescio della medaglia, dove tante aziende, per effetto della globalizzazione, hanno dovuto chiudere i battenti, interrompere la produzione, licenziare i lavoratori e indebitarsi con le altre società ad essa collegate per le commesse inevase.

Questa situazione ha dato luogo ad un massiccio spostamento degli investimenti da altre parti, con conseguente perdita di posti di lavoro.

Questo fenomeno è risultato più marcato in quei paesi in via di sviluppo che non in quelli industrializzati.

Parte quarta

LA COLONIZZAZIONE

Quando gli stati europei decisero di colonizzare l'Africa, se la divisero a tavolino con un righello creando dei confini abbastanza dritti, e suscitando delle assurdità incredibili nel mondo pensante di allora.

Tutto ciò, nel corso della storia, ha prodotto un divario notevole tra ricchi e poveri in tutto il mondo.

Ebbene, oggi la società vive un contesto sociale assurdo e inefficiente, dovuto principalmente alla "pigrizia" delle istituzioni che non si prodigano per migliorarla. Sappiamo che la disparità è sempre esistita, purtroppo ultimamente sta sempre peggiorando. I responsabili? La tecnologia, la pubblicità, i media...

I mali che affliggono la nostra società sono tanti, cito in primo luogo le istituzioni, che risultano essere poco credibili per le tante riforme che promettono, oltre al debito pubblico in continuo aumento.

Questi mali hanno portato ad una destabilizzazione della politica nei vari governi. Questa situazione di instabilità della nostra società si ripercuote su tutta l'economia mondiale, con il conseguente crollo delle borse e l'aumento considerevole della disoccupazione.

Parte quinta

L'IMMIGRAZIONE

L'immigrazione è un fenomeno mondiale tra i più problematici e controversi di difficile gestione. Per i paesi destinatari che hanno a che fare con questi flussi migratori, principalmente i paesi più sviluppati, i problemi riguardano il controllo degli immigrati che entrano nel paese, e la loro permanenza nel paese dove vengono ospitati.

L'immigrazione contribuisce ad alleggerire i problemi dei paesi d'origine, come la sovrappopolazione, la fame, le malattie, la povertà e i conflitti.

Lo scambio a livello politico può determinare degli accordi positivi tra i paesi d'origine e di destinazione che, se controllati e programmati ,possono risolvere per esempio l'esigenza della manodopera nel paese che li ospita o problemi di sovrappopolazione compensati con lo scambio di materie prime e produzione di energia, oltre agli investimenti che ne possono derivare.

Pensiamo ai paesi europei, dove la legislazione prevede che gli immigrati debbano avere necessariamente un permesso di soggiorno e acquisire la cittadinanza del paese che li ospita. Se l'immigrato non dimostra di avere un lavoro regolare o un sostegno economico, viene espulso. Sono esclusi da questa categoria coloro che sono vittime di persecuzioni politiche, religiose o da paesi in guerra.

Rifacendoci al diritto internazionale, esso prevede che in questi casi sia riconosciuto il diritto d'asilo, l'assistenza sanitaria e le cure di primo soccorso a qualunque persona, anche se clandestina.

La lotta all' immigrazione clandestina è un fenomeno abbastanza diffuso, e viene affrontato principalmente con la collaborazione delle forze dell'ordine dei governi coinvolti.

Aldilà di questi accordi tra governi, esiste un aspetto fondamentale dell'immigrazione, quello dell'integrazione extracomunitaria. In America, come in altri paesi, gestire l' immigrazione dei neri è molto difficile e pericolosa, in quanto l'odio razziale è sempre dietro l'angolo e basta poco per degenerare in sanguinose violenze spesso provocate e alimentate da banalità. E' vero anche che all'immigrato è sempre stata richiesta un'osservanza delle regole e un comportamento civile e dignitoso nei confronti del paese dove viene ospitato.

Parte sesta

LA PRIMAVERA ARABA

La primavera araba nasce da un episodio avvenuto in Tunisia il 17 dicembre del 2011. Un fruttivendolo tunisino si diede fuoco per protestare contro la polizia locale che gli aveva sequestrato il carretto a causa di un' irregolarità nel permesso di vendita. Il suo gesto è l'inizio della rivolta. Ad uno ad uno esplodono anche gli altri Paesi: l'Egitto, la Libia, lo Yemen e la Siria. Questi paesi insorgono per dire no alla dittatura! A distanza di tre anni, nessuno la ricorda più, come se fosse stato un evento lontano nel tempo.

Principalmente, il vero motivo della rivoluzione è scaturito dal malcontento dei giovani, sia cristiani che musulmani, sia per mancanza di lavoro che per una maggiore libertà, chiedendo al governo di attuare quelle riforme strutturali per un cambiamento radicale del paese.

Questi giovani sono stati spinti alla ribellione da un bisogno necessario di giustizia e libertà. In queste rivolte non si sono usati slogan antiamericani o antiisraeliani, lo slancio dei giovani era autentico, non organizzato, privo di un programma politico; purtroppo non ha trovato "terreno fertile".

Dopo un anno e mezzo dall'inizio della protesta, in Tunisia è stato cacciato Ben Alì, sostituito dagli islamisti e fondamentalisti salafiti (la frangia estremista). In Egitto, dopo la cacciata di Mubarak, hanno preso il comando i Fratelli Musulmani. In Libia è stato ucciso Gheddafi e il suo posto è stato preso dai ribelli del Consiglio nazionale transitorio libico. Nello Yemen, il dittatore Saleh ha ceduto il potere ad un governo provvisorio, in continua lotta contro i miliziani di Al Qaeda. In Siria, la situazione è ancora calda e in continua ebollizione, sia ad Aleppo come a Damasco. La popolazione chiede democrazia e riforme economiche oltre la destituzione di Assad. I ribelli continuano a dar battaglia al regime di Assad, e la popolazione viene accusata di tradimento per non aver partecipato attivamente alla rivoluzione. Anche in Giordania, le manifestazioni di protesta non conoscono una forte partecipazione da parte della popolazione.

In questi paesi, a partire dal 2011, nonostante le continue minacce e attentati da parte del terrorismo islamico, la monarchia aveva già avviato una lenta e costante apertura verso le forze di opposizione.

A distanza di tre anni dall'inizio della primavera araba, lo scenario è notevolmente cambiato. Dopo la vittoria in Tunisia ed Egitto, in Libia la rivoluzione si è trasformata in guerra civile. In questi paesi hanno ripreso vigore i tradizionali partiti d'opposizione, in Egitto i vertici dell'esercito hanno preso in mano la situazione del paese, in Libia e nello Yemen l'esercito si è spaccato tra fedeltà al regime e partecipazione alla rivolta. In Siria, tutte le forze militari hanno fatto quadrato intorno ad Assad, refrattari a qualsiasi cambiamento. In Egitto tornano le forze islamiste, fra tutte i Fratelli Musulmani, con il ruolo di controllori dell'ordine e del malessere sociale.

A ben vedere, la spinta del cambiamento verso una democrazia più tollerante e libera, non c'è stata. La debolezza e la fragilità delle istituzioni non ha dato i risultati che si attendevano. Il progetto di ricostruzione della Libia, ad esempio, non può poggiare su alcuna struttura solida, in quanto minacciata da divisioni interne e da un possibile protagonismo delle forze islamiche.

In ultimo, la crisi economica ha avuto un ruolo fondamentale, ma in senso negativo. Gli esiti sono stati incerti nello Yemen, in Siria e in Libia. Alla fine, solo Tunisia ed Egitto si preparano a vivere, tra tante difficoltà e pericoli, la stagione della loro rivoluzione più importante: la nascita della democrazia!

Parte settima

PROFUGHI E MIGRANTI

Il migrante è colui che lascia volontariamente il proprio paese d'origine per cercare un lavoro e condizioni di vita migliori. A differenza di un rifugiato, il migrante non è perseguitato nel proprio paese e può tornarvi in condizioni di sicurezza.

Il profugo è colui che lascia il proprio paese a causa di guerre, invasioni, rivolte o catastrofi naturali.

In Tunisia, la difficile ripresa economica, ha portato il paese dal 10% al 16% di disoccupazione, mentre la povertà è salita al 25%. Ecco che i giovani decidono di scappare verso l'Europa a bordo di barconi (carrette del mare), che fanno la spola nel Mediterraneo, e spesso naufragano a causa del sovraccarico delle persone e della vetustà del mezzo di trasporto.

In Siria i profughi sono in continuo aumento, la guerra è diventata una sanguinosa guerra civile ed è impossibile distinguere tra ciò che è bene e ciò che è male, a causa dei livelli altissimi di violenza raggiunti.

Il rifugiato, definito dalla Convenzione di Ginevra nel 1951, firmata da 147 paesi, è colui che temendo di essere perseguitato per motivi di razza, religione o nazionalità, non può o non vuole avvalersi della protezione del paese di cui ha la cittadinanza. Nel 2013, ci sono stati nel mondo più di 45 milioni di rifugiati. Per citare qualche dato, i rifugiati dei paesi vicini (Libano, Giordania e Turchia), sono quasi 3 milioni, di cui oltre 1 milione sono bambini!

I profughi Siriani e Palestinesi in fuga dalle guerre, i migranti provenienti dall'Africa del nord che scappano dalla miseria, gli sbarchi quotidiani a Lampedusa e le loro tragedie, gli scafisti che organizzano traffici illeciti sulla pelle degli altri (anche connazionali!): questo è lo scenario che si presenta oggi ai nostri occhi!

Di fronte a questo scenario drammatico e catastrofico, ci chiediamo a cosa servono le tante conferenze internazionali se nel mondo milioni di persone hanno dovuto abbandonare le proprie case e i propri affetti e si vedono togliere anche la dignità di vivere come esseri umani...

Parte ottava

RITORNO AL PASSATO

Oggi stiamo assistendo ad una lenta agonia della nostra società, dovuta principalmente alla perdita di valori morali e religiosi e al ritorno di una società tribale, dove il più anziano comandava e, quando questi moriva, il comando passava all'anziano successivo.

A distanza di tre anni dall'inizio della primavera araba, proviamo a tracciare un bilancio delle cose che sono cambiate nei paesi che hanno combattuto per la libertà e la democrazia. E' giunto il momento di preoccuparsi.

I paesi arabi che hanno partecipato alle rivolte hanno sperimentato, una volta rovesciati i regimi, che anche i nuovi governi non hanno saputo costruire liberalismo, ma tribalismo e regimi militari. La rivolta siriana, tutt'ora in atto e assetata di democrazia, si sta trasformando in una rivolta etnica per la conquista del potere. In Afghanistan, alcuni militari di una base americana hanno bruciato casualmente alcune copie del Corano e la popolazione si è vendicata uccidendo alcuni civili americani innocenti.

Ogni giorno, in Afghanistan, Pakistan e Iraq, in nome di Dio, kamikaze si fanno saltare in aria e uccidono altri musulmani. In Egitto, la strategia dell'esercito è stata quella di utilizzare la rivolta dei giovani di piazza Tahrir per vincere la lotta alla successione di Mubarak. La fase del risveglio arabo-musulmana è terminata. Le logiche autoritarie che c'erano prima non sono scomparse, ma continuano a reprimere quei valori conquistati con la primavera araba. Cioè, le forze moderate, insediate, sono sopraffatte da forze estremiste!

Le difficoltà incontrate dai paesi mediorientali, dopo la primavera araba, hanno in qualche modo scoraggiato l'entusiasmo dei giovani, forse per mancanza di leader carismatici ai quali ispirarsi. Attualmente, ci sembra di capire che le logiche autoritarie continuano a soffocare i valori e gli ideali che hanno accompagnato l'inizio delle rivolte.

Parte nona

I CRISTIANI PERSEGUITATI

I cristiani perseguitati nel mondo appartengono a varie confessioni. Oggi la situazione più drammatica è in Iraq, dove lo stato islamico, denominato Isis, obbliga tutti i cristiani a convertirsi. Per questa ragione i cristiani vengono eliminati se si rifiutano.

Lo stato islamico oggi desta molta preoccupazione in quanto, avendo proclamato un Califfato nella regione compresa tra l'Iraq e la Siria, continua la eliminazione sistematica delle minoranze cristiane, spingendosi fino alla regione autonoma del Kurdistan.

I cristiani iracheni, quelli scampati ai massacri delle milizie dello stato islamico, affermano che è meglio morire piuttosto che convertirsi. Non è una semplice formula che bisogna leggere per convertirsi, bisogna dare prova dell'avvenuta conversione andando a combattere con loro e uccidendo in tal modo altri fratelli di fede.

Il disastro umanitario delle minoranze cristiane ha dato luogo a un esodo in massa. La gente, per paura di essere uccisa, è stata costretta a lasciare velocemente le proprie case; con immensa fatica e mille difficoltà, coloro che hanno resistito, in questo lungo cammino, hanno potuto raggiungere un campo profugo organizzato per essere accolti fra tante migliaia di persone. Per aiutare queste minoranze religiose e le altre popolazioni minacciate, gli Stati Uniti, la Gran Bretagna, e la Francia, stanno continuamente paracadutando provviste alimentari, acqua e medicine.

Anche in Siria, la situazione è altrettanto drammatica, lo stato islamico ha compiuto diversi massacri tra quelle popolazioni, anche per mano di jihadisti appena reclutati.

I sequestri sono di routine, poco importa se sono giornalisti, turisti, operatori umanitari o semplici propagandisti degli occidentali. A questo proposito ricordiamo il sequestro di Padre Dall'Oglio, avvenuto più di un anno fa; un gesuita che si trovava in Siria da tanti anni, conosciuto e stimato come un mediatore di pace e purtroppo, secondo recenti notizie, ancora in mano dei rapitori.

Un'altra situazione drammatica è stata lo sterminio dei cristiani in Nigeria avvenuto meno di un anno fa, ad opera di un tale Boko Haram e conseguente rovesciamento del governo per creare, anche in questo paese un Califfato islamico. Gli incendi alle chiese e nei luoghi frequentati dai cristiani, gli eccidi e i sequestri in massa, dove un'intera scuola di ragazze liceali, circa duecentocinquanta sono state sequestrate e vendute, avevano lo scopo di eliminare completamente i cristiani.

Un'altra regione tormentata, dal punto di vista religioso, è il Pakistan, dove molti cristiani sono stati costretti a scappare in seguito agli attentati alle chiese, alla insicurezza e alla emarginazione che si respira tra la popolazione.

La violenza contro i cristiani in India, ad opera di estremisti indù, è ancora più tragica. Molte confessioni cristiane sono viste con diffidenza, anche quelle non cattoliche. Il continuo aumento delle conversioni ha generato una sistematica persecuzione nei confronti dei cattolici e dei cristiani in genere, temendo una capillarizzazione dei cristiani in varie regioni del paese.

Una situazione così esplosiva ha potuto generare tanti martiri, che hanno dato la vita a causa della fede professata, e i continui appelli del Papa al dialogo, alla pace, al cessate il fuoco, purtroppo non sono stati accolti! I continui massacri delle popolazioni, le cosiddette pulizie etniche, ad opera di chi vuole imporre la propria fede con le armi, ci allontanano sempre di più da un'ideale di pace e fratellanza.

Assistiamo sconcertati alla barbarie dell'uomo che si ostina a non voler accettare una convivenza di pace!

Parte decima

LE MISSIONI DI PACE

L e missioni di pace hanno come obiettivo quello di dare aiuto e sicurezza a quelle popolazioni colpite da guerre o conflitti e prevedono l'uso delle armi soltanto in caso di difesa.

E' molto lunga la lista dei Paesi dove il mantenimento della pace è ancora sorvegliata dalle forze dell'Onu. I compiti da assolvere sono tanti e riguardano principalmente quei reparti logistici dove l'impegno primario è quello di dare le prime cure alla popolazione bisognosa, oltre a distribuire le medicine, il cibo e l'acqua.

I militari che vanno negli altri Paesi, per garantire la sicurezza delle popolazioni, sono ben addestrati e consapevoli dei rischi che corrono, specie quando sono incaricati di pattugliare il territorio. Le mine e le autobombe sono sempre dietro l'angolo pronte ad esplodere; è necessario inoltre saper riconoscere i terroristi dai civili per evitare di mettere a rischio la propria vita, quella dei compagni e quella della popolazione.

Le nazioni che fanno parte delle missioni di pace, mettono a disposizione i propri soldati tra due eserciti in conflitto, in modo da evitare che la tensione degeneri in una vera e propria guerra. I soldati italiani, ad esempio, si sono sempre contraddistinti per lealtà e preparazione specifica nei confronti delle popolazioni a cui sono inviati, come ad esempio in Libano, Bosnia e Afghanistan.

In Afghanistan, i nostri militari sono stati inviati per difendere la popolazione dagli assalti terroristici dei talebani, i quali provengono da una evoluzione dei mujaheddin quando combatterono contro i russi, che invasero il loro paese nel 1980. L'Italia entra in Afghanistan nel 2001, dopo l'attentato delle Torri Gemelle dell'11 settembre, in aiuto agli Usa contro Osama Bin Laden, poi ucciso in Pakistan dagli americani.

Il primo contributo italiano alle operazioni di pace nel mondo risale ad una missione del 1949, attraverso l'invio di osservatori militari in India e Pakistan. Nel 1961 partecipò ad un'altra missione, a Kindu (Congo), dove la missione italiana pagò con molte vittime militari il suo intervento.

Dal 1978 l'Italia è impegnata in Libano, per favorire la fine del conflitto tra palestinesi, israeliani e libanesi; dagli anni novanta, l'Italia è invece impegnata in Somalia e Mozambico.

La missione di pace più importante, alla quale ha partecipato l'Italia, risale al 1977 in Albania, assumendone il comando, e successivamente nel Kossovo nel 1999.

Il successo delle missioni italiane è riconosciuto a livello internazionale. Dall'Africa ai Balcani, dal Medio Oriente all'Asia, l'impegno militare, politico e finanziario, è messo a disposizione in tutte le principali zone di crisi nel mondo. Queste operazioni rientrano sotto il controllo del Consiglio di Sicurezza dell'Onu.

Dopo l'11 settembre 2001, le missioni di pace hanno modificato il loro obiettivo, cioè quello di sradicare il terrorismo internazionale: un nemico senza volto e senza patria! In questo scenario imprevedibile, l'unica certezza è sperare nella civiltà raggiunta dalla società contemporanea!

Conclusione

Nella società postmoderna, si pensava che sparissero tutte le ideologie e le certezze del passato; ciò che conta di più oggi non è la realtà delle cose, bensì l'immagine e l'apparenza. Non pensiamo più al futuro, ma a ciò che l'immediato ci propone.

Con la furbizia ci si arricchisce, rincorriamo il successo e la notorietà, diventiamo in questo modo egoisti e individualisti.

L'impressione che abbiamo, di fronte a questo scenario dal futuro incerto, è quello di chiederci dove sta andando oggi la nostra società, e di conseguenza il mondo. Oggi ci rendiamo conto più direttamente della differenza tra il reale e l'immaginario.

Si pensava che il postmoderno c'insegnasse a costruire il nostro futuro su basi solide e concrete. Oggi vediamo come le banche e le imprese falliscono veramente, come pure ci sono veri disoccupati e veri poveri.

E' arrivato il momento di prendere decisioni serie e responsabili, tutti abbiamo bisogno di certezze e di credere veramente nello Stato e nelle istituzioni. Ora non ci accontentiamo più delle chiacchere, il mondo ha bisogno di prove concrete per evitare in primo luogo gli errori del passato, e soprattutto di incorrere verso un futuro ignoto e irreversibile, da dove è poi difficile tornare indietro.

Indice

Dello stesso autore

*Viaggio in Africa**

*Viaggio a Fatima**

*Gesù e il cieco di Gerico: Le parabole a fumetti**

*La mia cucina: Libro di ricette semplici e gustose**

*Viaggio in Terrasanta**

*Amare il prossimo**

*Cos'è l'uomo?**

*Disponibile anche in versione ebook

Finito di stampare nel mese di gennaio 2015